Heidi Howcroft (Text)
Christa Brand / Nik Barlo jr. (Fotos)

Fantasievolles Pflaster und Mosaik

Seite 1: *Blüten am Boden, „Anemonen“ aus niederrheinischen Flusskieseln.*
Seite 2/3: *Ein Pflasterteppich, verlegt in einer Fläche aus grauem und gelblichem Granit-Kleinsteinpflaster, gemischt mit Porphyr. Gebrauchte, bunt geflammte, quadratische Klinkerplatten mit gekuppter Oberfläche sind von einer einzelnen Zeile abwechselnd mit Carrara-Marmor- und Granit-Kleinsteinpflaster eingefasst, Material, das sich auch in der Mitte wiederholt.*
Seite 4: *Mosaikkunst wurde wiederentdeckt und in den Garten gebracht. Hier eine Tischplatte, passend zum Ambiente des Gartens, verziert mit einer frei erfundenen Blüte aus gebrochenen glasierten Keramikscherben.*

Inhalt

Vorwort

Befestigte Flächen im Garten befreien sich allmählich von ihrem
Handwerker, Gärtner und Gartenbesitzer sich zum Thema Pflaster
Beweis für den neuen Stellenwert von Pflaster, Zeugnis einer zuneh-
für ein so oft als nur zweckmäßig eingestuftes Thema: den Boden.
rung unserer Umwelt nicht nur im Privatrefugium, sondern auch im

Eine Exkursion in diese schmückende, künstlerische, ornamentale Welt erhellt Pflaster als die bisher geheime Kunst. So wird deutlich, dass Bodenbeläge alles andere als langweilig sind! Wiederholt ist festzustellen, dass die Prioritäten in der Gartengestaltung aus dem Lot geraten sind. Schuld hierfür mag die verkorkste Einstellung sein, dass eine schöne Pflanzung allein einen schönen Garten ergibt. Einen Weg zu pflastern, eine Terrasse zu bedecken, ist ohne Frage ein Muss: Wer will schon Schmutz unter den Schuhsohlen ins Haus hineintragen, durch Matsch schreiten und den Gartentisch auf einen unebenen Untergrund stellen? Nur weil wir solche Flächen betreten, heißt dies längst nicht, dass wir sie nicht anschauen. Wenn aber so viel Zeit, Gedanken und Liebe dem Bodenbelag gewidmet würde wie den Pflanzen, wären manche Gärten nicht nur einheitlicher und zweckmäßiger, sondern

Stiefkinderdasein. Das, was Gestalter,
und Mosaikarbeit einfallen ließen, ist
menden Begeisterung und Faszination
Pflaster ist ein Beitrag zur Verschöne-
öffentlichen Bereich.

Zu den Neuentwicklungen gehören diese leuchtenden blauen Glaskugeln, ein eher zu betrachtendes als zu begehendes Pflaster.

auch wesentlich schöner. Allein aufgrund ihres Flächenanteils im Garten sind die befestigten Flächen mehr als nur flüchtige Gedanken wert. Der Boden ist kostbar, wie und womit er bedeckt wird, gehört genauestens überlegt.

Neben praktischen Gesichtspunkten spielt unser Lebensstil und wie wir unser Umfeld gestalten eine wichtige Rolle. Vor allem bietet der Garten eine Chance, ein anderes Tempo einzuführen, Hektik und Druck können an der Gartenpforte abgelegt werden. Der Garten als Refugium vom Alltagsstress ist heute mehr denn je gefragt. In diesem Sinne müssen Plätze zum Verweilen, zum Betrachten, Genießen und Entspannen einladen. Wege sollten den Schritt verlangsamen und Gelegenheit geben, die Umgebung wahrzunehmen. Auch das Haus profitiert – nicht nur im Sinn einer Wertsteigerung, sondern auch vom Optischen her – von einer passenden Pflasterung. Ein Haus ohne Sockel ist wie ein Baum ohne Wurzeln, ohne den Anker zum Boden schwebt es im Niemandsland und ruft ein Gefühl von Unbehagen hervor. Eine Traufe, ein befestigter Kranz um das Gebäude, gibt dem Ganzen Halt, verbindet innen mit außen, den Garten mit dem Haus.

Pflaster ist weit mehr als Ornament, obwohl viele das Thema gerade über das Ornament überhaupt erst entdeckten. Fantasievolles Pflaster bedeutet nicht automatisch schwirrende, kunterbunte, knallige und überhebliche Flächen, sondern vielmehr einen sensiblen Umgang mit Formen, Textur und Farben, um ein harmonisches Ganzes zu erzeugen. Aus diesem Grund sind neben Hochleistungen der Pflasterkunst ungewöhnliche Lösungen, gewagte Kombinationen, aber auch einfache Pflasterungen von überzeugend strahlender Schönheit hier gezeigt. Das Buch ist keine „Fast-Pflasterlektüre", auch kein Aufruf für Bodenkunst an jeder Ecke, Kreuzung oder jedem Platz, sondern ein Mittel, um Pflaster ins allgemeine Bewusstsein zu rücken und spezifische Standorte für die Verzierung zu zeigen.

Immer wieder werden die hohen Investitionskosten, fragliche Gehbequemlichkeit und Rutschgefahr als Gegenargumente vorgebracht. Für Pflaster spricht die Tatsache, dass Naturstein- und auch Klinkerböden seit Jahrhunderten ihre Rolle ausüben, und

Neue Ideen und Kombinationen von Bodenbelägen sind immer gesucht. Hier gliedern strenge graue Plattenbahnen die Fläche, dazwischen überdimensionale Fugen, gefüllt mit Steinschotter aus demselben Gestein.

unverändert, durch Gebrauch abgetreten, ein unaustauschbarer Teil unseres Außenraumes sind. Gutes Material, fachmännisch verlegt auf fachgerechtem Unterbau, ergibt einen Belag, der nicht nur gehfreundlich ist, sondern auch den „Stöckelschuh-Test“ besteht.

Wie vieles andere, ist auch Pflaster eng an Nachfrage und Leistung gebunden. Solange Vorteile und Qualität des Pflasters gewürdigt, die Merkmale einer fachgerechten Arbeit geschätzt und die Handwerks- und Gartentradition gepflegt und fortgesetzt werden, wird die Welt des Pflasters am Leben erhalten und nicht zum Museumsgut degradiert.

Für viele Leser mag dieses Buch die erste bewusste Begegnung mit Pflaster sein. Eine verborgene moderne wie auch klassische Kunst, die einer näheren Betrachtung wert ist. Wenn wir aber auf diese Weise noch einige Freunde gewinnen und die Lobby der Pflasterfans somit vergrößern, sind wir auf dem richtigen Weg. Wer von diesen Kostproben begeistert ist, findet, den Blick nach unten gerichtet, den Zugang zu einer spannenden Welt unter seinen Füßen.

Ein Blütenmotiv, eine Spielerei mit geometrischen Formen, eine scheinbare Überlagerung von Flächen um einen dreidimensionalen Effekt zu erzeugen. Das Pflastermosaik per se, wie in den Musterbüchern der 30er Jahre abgebildet.

Das Pflaster: Material und Muster

Pflaster ist nicht gleich Pflaster, Welten liegen zwischen der nüch stein und dem beständigen, aber trotzdem lebendigen, strahlender satten Tönen einer Klinkerfläche. Entwickelt unter Verwendung vor Steinbrocken und Feldsteine, später gespaltener und geschnittene ein über die Jahrhunderte erprobtes umfangreiches Metier.

In natursteinarmen Gegenden wurden künstlich hergestellte Pflastersteine aus gebranntem Ton erzeugt und verlegt. Auch heute ist, obwohl die Grenzen verwischt sind, eine geografische Aufteilung in Naturstein-, Ziegel- und Klinkergegenden spürbar. Es ist daher ratsam, sich bei der Auswahl an dem ortstypischen Belagstyp (hier ist nicht der „Allerwelts-Einfamilienhaus-Vorortsstil“ gemeint) zu orientieren.

Das Pflastern selber ist eine Verschmelzung von handwerklichem Können, Wissen über Material, einem Gefühl für den Ort und von instinktiver Ästhetik, ein erlerntes Handwerk mit erprobten Regeln zur Materialauswahl und Verlegungsart. Was und wie verlegt wird, hängt unmittelbar von der Benutzung der Fläche ab, da manche Verbandsarten stabiler und belastbarer sind als andere.

Die Verwandlung eines leblosen Steinhaufens oder einer Palette

ernen Garageneinfahrt aus Beton-
Natursteinpflaster oder den warmen,
örtlich erhältlichem Material, zuerst
Naturstein-Pflasterstein, ist Pflaster

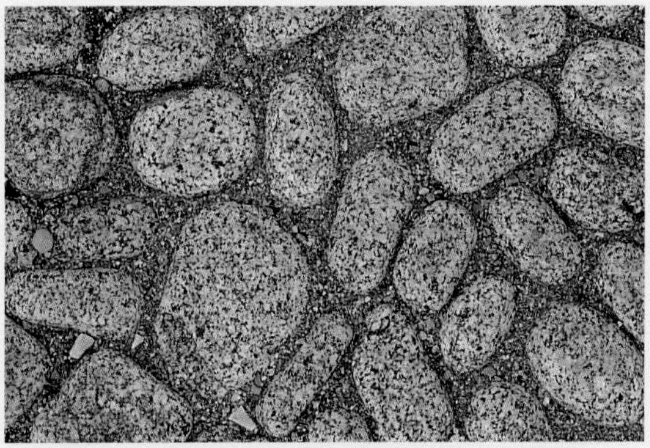

Stein an Stein: das Steinformat, die Fugen und der pfefferartig gesprenkelte österreichische Gneis: Alles zusammen sind Details und Nuancen, die eine Natursteinpflasterfläche auszeichnen.

Klinkersteine in einen schönen Belag ist faszinierend. Von der Theorie des Pflasterns bis zur Praxis ist es jedoch ein großer Schritt. Zu jedem Material und jeder Größe gibt es eine passende Verlegungsart, die Grundlage jeder Pflasterung ist: Reihen, Bögen und Wildpflaster, alle mit ihren entsprechenden Unterteilungen, wie beispielsweise Segment- und Schuppenbögen für Natursteinpflaster, wie auch eine fast unerschöpfliche Variation an Mustern für Klinker- und Ziegelflächen, unter anderem Reihen-, Block-, Fischgrät- und Mittelverbund. Das Material, das im Baumarkt auf Vorrat liegt, ist nur ein kleiner Ausschnitt, der Gartenbaustoffhandel dagegen bietet eine größere Auswahl oft mit Hinweisen für Eignung und Verlegung in Form von Musterflächen. Naturbestände sind keine Selbstbedienungsquellen und sind mit Respekt zu behandeln.

*Die schlichte Schönheit einer Kopfstein-
pflasterung, verlegt in Segmentbögen.*

Geometrie aus gutem Grund

Die Unterschiede zwischen unbearbeiteten (Feld-, Bruch- und Kieselsteinen) und bearbeiteten Pflastersteinen (Groß-, Klein-Mosaik und gespaltene Steine) werden erst in einer Gegenüberstellung deutlich (▲). Dieser Bodenbelag lebt von einem Wechsel der Form und Struktur, einzelne Zeilen von bearbeitetem scharfkantigem Granit-Kleinsteinpflaster säumen die sortierten, sauber in Schuppenform verlegten Kieselsteine oben und die Bruchsteine im wilden Verband unten.

Viele Muster haben sich aus der Verbandsart ergeben. Laufen Segmentbögen in entgegengesetzter Richtung auseinander, wird die Nahtstelle in einem Zopfmuster gepflastert, hier in Granit-Kleinsteinpflaster ausgeführt (◄). Bogenbreite und Höhe sind an erprobte Maße gebunden, die sich nach der Steingröße richten.

Von der Jahrhundertwende bis zu den 30er-Jahren war die Blütezeit des Pflasterns. Neben reinen zweckmäßigen Anlagen wie Straßen wurden alle Arten von Plätzen mit dekorativen, sorgfältig ausgeführten Pflastermosaiken verziert (►). Der Länge nach gespaltene Wacker- und Kieselsteine dienten hierbei als Füllfläche, die Umrisse wurden von riemchenartigem Steinmaterial gezeichnet.

Reihe an Reihe

Bedingt durch die vorgegebene Bogenbreite, kommen Bogenpflasterarten wie Segment- und Schuppenbogen primär für größere Flächen in Frage. Die Reihenpflasterarten und ihre Abwandlungen, beispielsweise Passee- oder Wildpflaster, sind für kleine bis mittelgroße, aber auch unregelmäßig geschnittene Flächen geeignet (▲). Ist der Verband regelmäßig, muss auch das Steinmaterial entsprechend sortiert sein, in der Praxis bedeutet dies entweder große Mengen von Material mit hohem Ausschuss oder teureres (dafür aber zeitsparend) vorsortiertes Material. Eine kleine Gesteinsschau der so genannten Herbstlaub-Mischung mit unter anderem Granit in vielen Schattierungen, Basalt, Carrara-Marmor wie auch Porphyr (◀). Alle Gesteine sind sortiert als Klein- und Mosaiksteinpflaster erhältlich, viele auch als Großsteinpflaster. Neben der jeweiligen Bezeichnung wird weiterhin in unterschiedlichen Größen und Güteklassen differenziert, die sich auf die Toleranzgrenzen in Farbgebung und Größe beziehen.
Breitfugig verlegtes Pflaster (hier Granit-Großstein) (▶) ist die Grundvoraussetzung für Rasenpflaster, in der Regel für bessere Stabilität mit versetzten Fugen verlegt. Hier spielt die optische Wirkung eines ungewöhnlichen, grafisch starken Musters mit Kreuzfugen, gefüllt mit Splitt, eine wichtige Rolle.

Gängiges Pflaster- und Mosaikmaterial für den Garten

Diese Liste ist eine Auswahl und erhebt keinen Anspruch auf Vollständigkeit.

Bezeichnung	Format / Größe	Material
Natursteinpflaster neues Material nach DIN 18 502		
Großsteinpflaster Güteklassen I–V	Breite: 15–17 cm Länge: 16–22 cm Höhe: 14–16 cm	Granit, Sandstein*
	Breite: 11–15 cm Länge: 12–22 cm Höhe: 13–15 cm	Basalt, Diorit, Grauwacke* Melaphyr
Kleinsteinpflaster Güteklassen I–II	100 x 100 x 100 x 100 mm (9/11) 90 x 90 x 90 mm (8/10) 80 x 80 x 80 mm (7/9)	Basalt, Diorit, Gabbro, Granit, Grauwacke*, Melaphyr, Sandstein*
Mosaiksteinpflaster nur Güteklasse I	60 x 60 x 60 mm (5/7) 50 x 50 x 50 mm (4/6) 40 x 40 x 40 mm (3/5)	Basalt, Diorit, Gabbro Granit, Grauwacke* Sandstein*
Großsteinpflaster Sonderformate: Dreieck Bindersteine / Anderthalber	Längen: 19–20 cm Länge: 28,5–30 cm Breite: 15–17 cm Höhe: 14–16 cm	etwa 10% Anteil in der Regel mitgeliefert
Neues importiertes Gesteinsmaterial z. B. aus Italien, Portugal, CSSR etc.	Das Material unterliegt nicht der DIN-Norm, wird aber in ähnlichen Größen und Bezeichnungen wie oben geliefert.	Gesteine wie oben, u. a. auch Andesit, Travertin, Carrara-Marmor, Porphyr, Andesit, Kalkstein*, Quarzit, Tefrit, Travertin, Paragneis (Beola)
Unbearbeitete Pflastersteine Rundsteine / Rundlinge / Katzenkopf	Durchmesser: 7–25 cm	in allen harten Gesteinsarten: Fluss- oder Moränengestein
Kieselsteine	3–8 cm, länglich, eierförmig, kugelig	Fluss-, Strand-, Grubenkies gemischt und sortiert: u. a. Carrara (weiß), Diabas (grün), Feuerstein (dunkelgrau), Granit (rot, grau), Porphyr (rot/braun, grünbraun)
Spaltsteine, Wackersteine	3–25 cm	Gespaltene Kieselsteine z. B. Rhein-Wackerstein im Großsteinformat (10–15 cm)

Bezeichnung	Format / Größe	Material
Klinkerpflaster nach DIN 18503		
Rechteckiges Pflaster	Viele Formate, Stärken von 4–7,1 cm u.a. 24 x 11,5 cm 22 x 10,5 cm 20 x 10 cm	Halbziegel erhältlich Farben: u.a. rot-rot/braun erdbraun, gelblich
Quadratisches Pflaster	Stärken 4–7,1 cm u.a. 18 x 18 cm 24 x 24 cm	wie oben
Münchner Gehwegplatten	Stärken 4–7,1 cm 20 x 20 cm 24 x 24 cm	auch mit Oberfläche geriffelt, gekuppt, geviertelt mit Ringen, Farben: schwarz-bunt, rot-blaubunt, blaubunt
Bodenmosaik		
In Kombination mit Klinkerpflaster: **Steinzeug-Mosaiksteine**	5,8 x 5,8 x 5,4 cm	blau, beige, gelb, schwarz, grün (siehe Seite 68, 69)
In Kombination mit Natursteinpflaster: **Keramiksteine** Kleinsteinformat	9 x 11 cm (9/11) 7 x 9 cm, Stärke 5 cm (7/9)	Hohlsteine, nachträglich nach Abrütteln der Fläche einzubauen 31 Farben, Sonderanfertigung möglich (siehe Seite 64, 66, 67)
Mosaiksteinformat	4 x 6 cm (4/6)	
„Splittermosaik"	unregelmäßig 2–7 cm, Stärke 1 cm	31 Farben
„Kreissteine"	Ø 10–30 cm, Stärke 5 cm	31 Farben
„Pünktchen"	2–10 cm, Stärke 2–3 cm	31 Farben

* nicht alle Vorkommen sind frostsicher.
Wer detaillierte Information über Pflastersteine sucht, sollte ein Fachbuch zu Rate ziehen.

Pflasterkunst – Pflastermosaik

Der Schritt vom zweckmäßigen Belag zur Kunst am Boden war vorpro
vereinen, Variationen innnerhalb einer Verlegungsart zu testen, um da
entwickeln, ist Teil der Faszination von Pflaster. Ornament, sei es nu
steins, einer Randausbildung bis hin zu einer Kombination von Muster
in den unterschiedlichsten Formen vor.

Wo und inwiefern Ornament im Pflaster eingesetzt wird, ist nicht nur eine Frage des Geschmacks, sondern auch der Funktion und des Standortes. Verzierung sollte gesehen werden, weder durch Vegetation oder Gegenstände verdeckt noch in so abgelegenen Ecken sein, dass niemand sie bewundern kann.Verzierung bedeutet nicht bunt, eine monochrome Pflasterung, eine Gegenüberstellung von Schwarz und Weiß, Braun und Blau, indem die Qualitäten der Steine und der Rhythmus des Musters im Vordergrund stehen, ist an vielen Stellen schmückender als jede Anhäufung von Farben. Ebenso ist zwischen Flächen deckenden und punktuellen Pflastermosaiken zu unterscheiden. Gerade im Garten können Vignetten, kleine Bilder an prägnanten Stellen – beispielsweise am Hauseingang, an der Wegkreuzung oder zur Aufwertung eines Platzes – wie kostbare Gemälde am Boden wirken.

grammiert. Funktion und Verzierung zu
durch eine individuelle Handschrift zu
die Betonung einer Zeile, eines Ansatz-
für eine teppichartige Wirkung, kommt

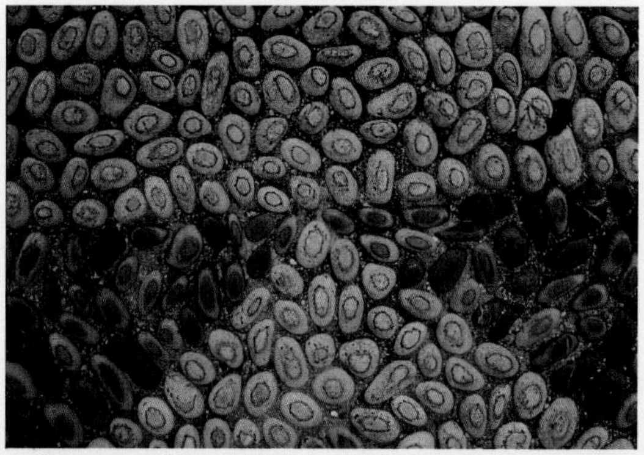

Von einfachen geometrischen Mustern bis hin zur figürlichen Darstellung – die Variationen monochromer Kieselpflastermosaiken sind unendlich.

Die Verwandtschaft von Pflastermosaik mit Mosaikkunst ist nicht zu verleugnen, doch jedes Metier hat seinen spezifischen Charakter. Bedingt durch den ständigen Bodenkontakt, Witterung und Belastung muss Pflastermosaik stabil, standfest und witterungsbeständig sein. Aus diesem Grund ist ausreichend starkes (Minimum 4 cm) frostsicheres Material eine Voraussetzung. Exotisches, weiches Gestein, ebenso wie zerbrechliches Material, scheiden aus. Trotz dieser Einschränkung bleibt innerhalb des erprobten Repertoires von Mosaikstein, Kiesel- und Spaltkieselpflaster ausreichend Spielraum für die Herstellung von dauerhaftem wunderschönen Pflastermosaik. Bisweilen war es schwierig, Klinkerpflaster unter der Rubrik Pflastermosaik aufzuführen. Neuentwicklungen, vor allem Mosaik-Buntsteine, haben neue Möglichkeiten eröffnet.

Platzzeichen: Sonne, Mond und Sterne

Gekonnt verteilt, liefern Medaillons mit figürlichen oder abstrakten Motiven die gewünschte persönliche Note im Garten. Solche Einlegearbeiten am Boden, die aus der Draufsicht bewundert werden und in ein passendes Umfeld gesetzt sind, bilden betretbare Kunst für außen.

Unter die seit Jahrtausenden beliebten Motive zählen die Sterne. Naturstein-Pflasterflächen mit ihrem dunklen Hintergrund gleichen dem Nachthimmel, in den man die Planeten und Sterne einfügt.

Zu den häufigsten Darstellungen gehört der sichelförmige Mond, hier herausgehoben in weißen Kieselsteinen (▲).

Eine einfache, dennoch aussagekräftige Version der Sonne (◀), die auch mit flackernden Flammen oder als untergehende Sonne gelegentlich zu finden ist.

Während sich Formen in kleinformatigem Material leicht pflastern lassen, muß größeres Gesteinsmaterial an Ort und Stelle passgerecht zugeschlagen werden (▶): Weißer Carrara-Marmor, Mosaiksteinpflaster mit gesägter Oberfläche, dazu ein „Planet“ mit angedeuteter Atmosphäre aus einem türkischen „Regenbogen“-Sandstein, umrahmt von rotgrauem skandinavischen Granit, alles in Mörtel verlegt.

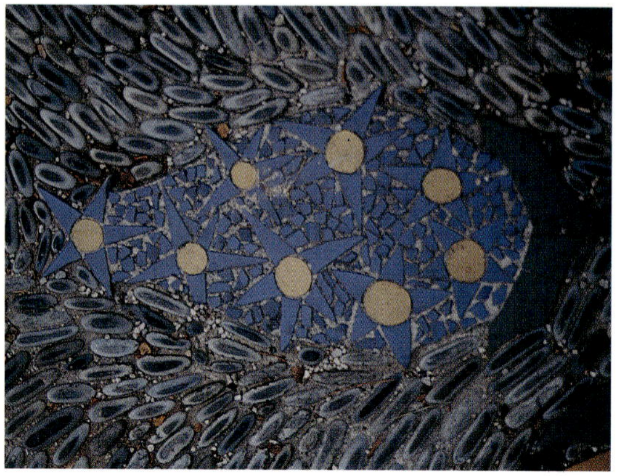

Lückenfüller und Kostbarkeiten

Hier ist der Übergang von der Bodenkunst zur Mosaikarbeit deutlich sichtbar. Blau-gelbe Fliesen schwimmen in einem Meer von Kieselsteinen (▲). So verführerisch es auch erscheint, ist doch vom Einbau von großflächigen Bodenmosaiken unter Verwendung von dünnen glasierten Plättchen im Allgemeinen abzuraten. Kleine Medaillons haben bessere Überlebenschancen, große, starre, unbewegliche Flächen dagegen brechen unter der Last, bröseln unter andauernder Feuchtigkeit, splittern durch Frost und sind rutschig bei Nässe. Wer bunte, sparsam verteilte Einsprengsel möchte, kann jetzt die neuen, eigens für draußen entwickelten und erprobten Mosaikpünktchen und Splittermosaik unter Berücksichtigung der Verlegungshinweise in seine Pflasterflächen integrieren.
Gerade am Boden sind nicht immer großartige Lösungen gefragt. Auch bescheidene, wie diese sorgsam gepflasterte Raute (◀) erheben die befestigte Fläche durch diese gefühlvolle Behandlung zu etwas Besonderem.
Ein leuchtend blaues Juwel aus glasierten Keramikteilen (▶). Dreiecke, Quadrate und Passstücke, speziell für diesen Ort von einer Töpferin gefertigt und vom Gartengestalter in einem Eisenring gefasst verlegt.

Pflaster an der Türschwelle

Von allen befestigten Flächen am Grundstück ist der Vorgartenweg
die optisch wichtigste. Hier werden die Weichen gestellt, die das gan-
beeinflussen. Zum einen ist der Vorgarten ein deutliches Zeichen
lichen zum privaten Raum, zum anderen ein Aushängeschild für die Be-
stils und ihrer Vorlieben.

Die Gestaltung der Eingangszone kann abweisend oder einladend, bescheiden oder grandios wirken. Dieser Bereich vor der Haustür, oft nur ein paar Quadratmeter groß, ist Drehpunkt zwischen innen und außen. In der Regel eine Stufenhöhe vom Bodenniveau abgesetzt, kann sich der Bodenbelag vom Hausinneren ins Freie fortsetzen oder deutlich absetzen. Die Möglichkeiten zur Kennzeichnung und Betonung dieser Zone reichen von der Verwendung kostbaren Materials wie etwa Marmor, zu Kontrasten zwischen Parkettböden und Klinkerpflaster bis hin zum aufwändigen ornamentalen Pflaster. Neben praktischen Vorgaben, wie der Breite des Zuweges, die zwei Personen bequem nebeneinander spazieren lässt, ausreichend seitlichem Abstellplatz für Fahrräder oder Kinderwägen sollte der Platz direkt vor der Haustür lieber großzügig als verstellt wirken.

nicht nur die meistbetretene, sondern
ze Anwesen, das Haus wie den Garten
für den Besitzerwechsel vom öffent-
wohner, eine Andeutung ihres Lebens-

Den Einkaufskorb nicht vergessen!

Die Kultur der Informationsbilder am Boden, eine Art gepflasterte Hinweistafel oder Visitenkarte, wurde in Städten wie Freiburg und Goslar zu einer Kunst. Jeder Handwerker, jeder Laden hatte sein eigenes Symbol, deutlich für den Besucher als solches zu erkennen, sorgfältig in Mosaikpflaster verlegt. Übertragen auf den Privatbereich stehen neben Zunftzeichen, Jahreszahlen, Initialen, abstrakten Figuren, Fabeltieren für den Hausbesitzer bedeutsame Symbole und Details der Architektur des Hauses als Zierde für den Eingangsbereich zur Wahl: nicht nur als Begrüßung oder Verabschiedung von Besuchern, sondern auch für sich selbst, wenn man das Ziel erreicht hat, das die Werbung uns immer wieder anpreist: ein eigenes Haus zu besitzen. Sollten wir dies nicht zelebrieren, den Moment genießen, über die eigene Schwelle mit einer passenden „Pflastermatte“ zu treten?

Soll der Vorplatz einladend oder abweisend sein? Hier bestehen keine Zweifel über die Gastfreundlichkeit des Besitzers noch über die Fähigkeiten des Pflasterers.

Ein Eingang über Eck

Eng bemessene Grundstücke lassen kaum Platz zwischen der Grundstücksgrenze und Haustür. Diesen Bereich so zu strecken, dass nicht nur das Vorfeld vergrößert, sondern auch das Erlebnis, ein Grundstück zu betreten gesteigert wird, verlangt Können und Geschick. Bodengestaltung ist ein nützliches Mittel, solche Probleme zu überwinden.

Pfeilartige Bänder aus bräunlichem Porphyr und hellem Carrara-Marmor-Kleinsteinpflaster im Verhältnis 3:1 lenken den Besucher zum Eingang und deuten gleichzeitig auf den Weg ums Haus (▲).

Durch den geschickten Materialwechsel von Porphyr zu Granit, bei gleichzeitiger Beibehaltung der Größe und Verlegungsart, ist der Stellenwert des untergeordneten Weges klar, die Übergänge jedoch sind sanft und harmonisch gestaltet (◀).

Die Bogenform der Eingangsstufen (▶) ist im Belag mit einer weißen Zeile angedeutet und schafft damit eine Verbindung zwischen Haus und Garten, beide sind miteinander zu einer Einheit verzahnt.

28

„Begrüßungsmatten“

Für einen königlichen Besuch wird der Rote Teppich als Zeichen des Respekts und der Hochachtung ausgerollt, aber auch der Normalbürger verdient eine entsprechende Begrüßung. Gerade wenn man – den Blick in der Regel nach unten gerichtet – ungeduldig auf das Türöffnen wartet, wäre eine schöne Bodengestaltung wünschenswert. Speziell dieser Übergangsbereich bietet die Chance, ein persönliches Zeichen zu setzen. Das Schneiderzeichen (▲) vor der Haustür lässt klar erraten, wer hier einmal wohnte.

Aufwändig gepflasterte Flächen sind nicht immer gefragt; neutrale, auch einfache grafische Muster wie dieses rechteckige Feld können sehr effektvoll sein (◀). Carrara-Marmor mit Granit ist dezent, aber mit Qualität, ein Klassiker unter dem Schmuckpflaster. Auch ein einzelner weißer Pflasterstein, umgeben von einer dunklen Fläche, würde Blicke auf sich ziehen.

Die Variationen der Formen sind kaum auszuschöpfen. Neues und gebrauchtes Material kann kombiniert werden, ebenso wie unterschiedliche Farben (▶): hier Klinkerpflasterquadrate, gefasst mit Carrara-Marmor, umgeben von Kleinsteinpflaster, in Reihen verlegt.

Unterwegs im Garten

Der Weg ist ein Mittel, den Garten zu erleben, denn dessen Be-
Ritual, ein absichtliches Lenken, Betonen und Bremsen, ein Erfor-
der Sicht des Spaziergängers. Neben der rein zweckmäßigen Funktion
Art, wie er verläuft und nach welchen Kriterien sein Bodenbelag
ten Formen annehmen.

Egal, ob es sich um einen bescheidenen Trampelpfad oder einen prachtvollen Plattenweg handelt, Wege sind bleibende Striche, die eine direkte Auswirkung auf die Gesamtgestaltung haben. Fantasie ist nicht nur in der Belagsart, sondern auch in der Festsetzung der Führungslinien und in der Wahl der Einfassung gefragt. So nimmt der Weg eine individuelle Erscheinung an, maßgeschneidert für den Garten. Sorgfältig geplant, kann ein potenzieller nichts aussagender Gartenweg höchst individuell und spannend wie eine Pflanzung sein. Der Blickwinkel und die Beziehungen zwischen den Bereichen sind dabei wichtig. Vermeiden Sie, dass der Weg eine Schneise bildet oder nur als optische Trennung zwischen Beeten betrachtet wird.

Wege müssen nicht immer gerade verlaufen, ein Hindernis wie etwa ein Baum kann Anlass sein, eine Kurve einzubauen, der Weg kann absichtlich gestreckt werden und durch den Garten schlenkern, um die

schreiten gehört unbedingt mit zum
schen und Bewundern des Gartens aus
als Bindeglied kann ein Weg, in der
gewählt wurde, die unterschiedlichs-

Peripherie zu erkunden und so die tatsächliche Gartengröße überspielen. Geländesprünge bieten sich zur Überwindung mit Treppen an, eine weitere Möglichkeit, Spannung in den Garten zu bringen. Damit ein Weg oder eine Treppe richtig ins Auge fallen, müssen sie eine gewisse Länge und Breite haben, gerahmt, aber nicht verstellt sein. An keinem anderen Ort ist die Wechselwirkung von Gegenständen so ausgeprägt wie im Garten. Es gilt die Maxime: Je üppiger der Bodenbelag, umso ruhiger die angrenzende Bepflanzung und auch umgekehrt. Die Abmessung und Ausführung des Weges geben Ansätze zur Wertigkeit und gelegentlich auch über sein Ziel. Ist der Weg schmal und der Belag einfach, handelt es sich um einen Nebenweg, ist er breit und mit teurem Material bedeckt, kann es nur ein Hauptweg sein. So ist in jedem Garten eine Hierarchie von Wegen vorzufinden, die auch den Stil des Gartens widerspiegelt.

Ein Pfad auf einer befestigten Fläche: eine Führungslinie wie ein breiter Pinselstrich, dem man automatisch folgt. So wird ein Platz auch zu einem Weg: gebrauchter Basalt zwischen Granit-Kleinsteinpflaster.

Pflanzen und Pflaster sollten in Harmonie sein, die Qualitäten liegen im Detail: die Auflösung und Betonung der Mündung, der Verlauf des Weges und die Übergänge.

Erlebniswege

Außer in einer streng architektonischen Anlage ist ein geschwungener Weg geschmeidiger, er kann sich ausbreiten und verschmälern, Geländebewegungen aufnehmen und Hindernisse umgehen. Hier wurde die Strenge des Weges aufgelöst (▲), die Ränder gehen in die Pflanzung über, der Wegebelag fließt auseinander, von den quadratischen dänischen Klinkerpflasterinseln in ein Meer von Granit-Mosaiksteinpflaster, gesprenkelt mit Quarzit (weiß) und Basalt (anthrazit) Mosaiksteinpflaster. So spontan der Weg erscheint, ist er trotzdem durchdacht und kontrolliert. Ein Weg, der nicht in jeden Garten passen wird, aber für Interesse sorgt.
Die Überdimensionierung der Einfassung mit großen Natursteinplatten „quetscht" das Füllpflaster aus Granit-Mosaikpflaster, mit dem Ergebnis, dass der Weg schmäler und lockerer erscheint, im Gegensatz zu einem strengen und fast starren „japanischen" Weg (◀). Die Kombination von Linien, Formen und Massen erscheint europäischen Geschmäckern fremd: die Raute zu den Kugeln, die Würfel zu den Kuben, Schwarz zu Weiß, ein strenger Pfad in einer lockeren, waldartigen Umgebung. Das unterschiedliche Material ist spürbar und steigert das Erlebnis; geht man von den Rauten weg, spürt man die Rundungen der Steine (▶).

Durch den Garten schlendern

An den Nahtstellen merkt man die Qualität einer Arbeit und das Verständnis für Materialien. Übergänge an Wegkreuzungen und Abzweigungen können fließend oder Stoß an Stoß sein. Wenn kein Materialwechsel vorgenommen wird und bei Einhaltung der Verbandsart kann die Mündung nahtlos, fast platzartig sein (▲). Mit Wildpflaster lässt sich sogar die unförmigste Kreuzung schön pflastern.

Die Verlegungsart kann auch die Richtung vorgeben, hier Kleinsteinpflaster in Reihen, das den kurvigen Verlauf aufnimmt (◄).

Die Bewegung und der Rhythmus des Weges werden zum Gestaltungselement, eine Spielerei mit eigener Dynamik. Die Wegbreite wechselt (►) von 80 cm bis 50 cm an den schmalsten Stellen, eine frei gewählte Form, die die sonst eintönige Rasenfläche unterbricht. Die weißen Quarzkiesel der Einfassung und die Kieselpflasterreihen folgen den Konturen und betonen die Schlangenform. Wie bei vielen Pflasterflächen ist auch hier das, was auf den ersten Blick als selbstverständlich erscheint, Ergebnis zeitaufwändigen und mühevollen Sortierens von Steinen und sorgfältiger Verlegung.

Geordnetes Chaos

Wer das Glück hatte, die Gärten von Suzhou in China zu besuchen, wird hier deren Geist spüren. Dort wie hier ist das Pflaster wesentlich mehr als nur ein Bodenbelag, der Weg mehr als Verbindung, Ästhetik steht gleichrangig mit Funktion.

Auf den ersten Blick erscheint der Belag nur als ein reiches Muster (▲). Bei näherer Betrachtung werden die einzelnen Formen wie die „Schnecke“, die sich aus den Kieseln rollt, erkennbar, ebenso die „Wellen-Bordüre“, beiläufige Striche, gewoben in einer bunten Patchworkarbeit (◀).

In dem an sich geordneten Chaos (nicht ohne Grund wurde das Muster, das doch keines ist, so getauft) liegt die Verwirklichung einer persönlichen Pflastersprache, die in Teilabschnitten ausgeführt wurde. Dabei galt die Leitlinie: „Der Wunsch, jedem noch so unscheinbaren oder schönen Stein Ehre zu erweisen, indem ich (die Kieselsteinkünstlerin Ursula Siegers) ihm einen bewussten Platz in einem Gesamtwerk einräume“. Inspiriert von fließendem Wasser, einem indianischen Stirnband und vielem mehr entstand ein reicher Pflasterteppich (▶). Die Farbnuancen der niederrheinischen Flusskiesel sind zart, bei Nässe werden sie intensiv, die Struktur wird lebendig.

Zu puzzeln – ohne Vorbild, nur mit Erfahrung als Hilfsmittel – dazu gehört Geschick. Um einen Haufen Bruchsteine in einen Weg zu verwandeln, in dem jeder Stein seinen Platz hat, bedarf es großer Fantasie.

Von Stufe zu Stufe

Die Platzierung, Einbindung und Ausführung von Stufen bereiten häufig viele Schwierigkeiten. Sie sollten sicher und sichtbar sein, aber trotzdem aus dem Weg oder Platz wachsen und eine Fortsetzung der Fläche darstellen. Ob einzeln oder als Treppenflucht, sind Stufen ein Teil des Gartenerlebnisses. Immer wieder wird dabei das Stufenmaß von innen genommen, mit dem Ergebnis von mehr oder weniger langen, geraden Hühnerleitertreppen, die nicht zur Umgebung passen und deplatziert im Garten wirken. Erprobte Regeln sorgen für ein bequemes und sicheres Betreten von Gartenstufen, die Breite ist dabei freigestellt, wie auch die Doppelbenutzung etwa als Stell- und Sitzfläche. Für kleine Höhenunterschiede, die gleichzeitig Trennungen sind, kann eine abgewandelte Einfassung, hier Granit-Großsteinpflaster (▲), eine lang gestreckte einzelne Stufe bilden. Die Verbindung von einer Terrasse mit einem niedrig liegenden Gartenteil gehört zu einem der häufigsten Probleme. Hier eine großzügige Lösung: Massive niedrige Granit-Blockstufen leiten mit langgestreckten Schrittstufen in den Garten (◄). Durch die Fortsetzung des Belags werden Terrasse und Stufen miteinander verzahnt, dabei spiegeln die schmalen Mosaiksteinreihen den lockeren Stil des Gartens wider (►).

Rhythmus in Treppen

In den großartigen Gärten der Herrenhäuser früherer Zeiten war eine grandiose Treppenanlage, flankiert mit Balustraden und verziert mit Gefäßen oder Figuren ein Muss: ein Stück Architektur im Grünen. Neue zeitgenössische Lösungen, wie hier abgebildet, sind leider nur noch selten anzutreffen.
Die Qualität des Gesteins (violettbunter Porphyr mit deutlichen Eisenablagerungen an der Oberfläche im Kontrast zu kristallinem Marmor und dunklem Tefrit, letzterer ein guter Ersatz für den teuren Basalt) steht bei dieser Treppe im Vordergrund. Vieles liegt hier im Detail: die Bündelung von weißem Carrara-Marmorstein (▲), mal drei, mal fünf, mal ein ganzer Streifen, außerdem tiefgraue bei Nässe fast schwarze Tefritsteine, unregelmäßig gestreift und in der dunkelbraun-violetten Porphyr-Fläche verteilt (◀). Auch die Wechselwirkung der Formate, quadratische Pflastersteine im Gegensatz zu Natursteinkeilen, steigert die optische Qualität. Die seitliche Böschung fließt in die Auftrittsflächen über, ein nahtloser Übergang trotz klarer Darstellung der Treppenflucht. Bei Treppen dieser Länge ist ein Geländer, seitlich oder mittig angebracht, unumgänglich (▶). Aus der Entfernung strahlt die Treppe Spontaneität und Grafik eines Klimt'schen Gemäldes aus.

Schau- und Sitzplätze

Der Garten ist viel mehr als ein Stück Grün, er wird zunehmend ein Ort, wo man sich aufhält, entspannt, feiert und schließlich auch Gartens wie den eines Hauses betrachtet, in Räume mit vorbeben sich verschiedene Plätze: vom einladenden Eingangsplatz zum ten Ruheplatz zur Terrasse direkt angrenzend am Haus.

So umfangreich wie die Platztypen sind, ist auch ihre Gestaltung, abgestimmt auf den Stil des Gartens und den Zweck. Dabei ist der Bodenbelag als ein wichtiges Mittel einer Gestaltungsrichtung zu unterstreichen. Während andere Komponenten eines Platzes, etwa die Möblierung und weitere Ausstattungsgegenstände, beweglich sind, ist die befestigte Fläche fest installiert und zu jeder Jahreszeit – außer wenn schneebedeckt – sichtbar. Grund genug, um kühne Muster noch vor der Ausführung sorgfältig auf ihre Eignung zu prüfen. Es ist schließlich die Fläche selbst, ihre Größe, Form und Lage, die den Grad und die Art von Ornament bestimmt.

Jede Belagsart, Naturstein, Ziegel, Klinker, Beton oder Kies besitzt eine individuelle Ausstrahlung. Wichtig ist es, aus der Fülle von Pflastermaterial die richtige Wahl für den Garten zu treffen, auch wenn dabei die Fantasie gebremst wird. Ein abgelegener schattiger

als erweiterter Wohnraum betrachtet,
spielt. Wenn man den Grundriss des
stimmten Funktionen aufteilt, erge-
sonnigen Frühstücksplatz, versteckt-

Plätze im Garten nehmen viele Formen an, manche sind eindeutig geplant, andere haben sich wie hier ergeben: ein schmaler, ordentlicher, wegartiger Platz aus Granit-Mosaiksteinpflaster in Reihen verlegt.

Platz bedarf einer anderen Behandlung als eine von allen Seiten – auch von oben – sichtbare Terrasse. Aus den beiden Komponenten Material und Verbandsart kann ein Meister aufregende Pflasterungen kreieren. Schuppen- und Segmentbögen gehören zu den dekorativsten Verlegungsarten, ebenso wie Flecht-, Fischgrät- oder Blockverband.
Wird ein weiteres Muster durch punktuelle Streuung von anderem farbigen Material eingearbeitet oder die Fläche mit einer Bordüre eingerahmt, nimmt sie eine ganz andere Erscheinung an. Der Platz kann ein lebhaftes Teppichmuster aufweisen. Neben flächendeckenden Lösungen sind auch kleinteilige, aber am passenden Ort ebenso wirkungsvolle Möglichkeiten der Medaillons, Bilder oder Anekdoten im Boden gegeben.

Wie unterschiedlich Bodenbeläge wirken, wird erst in einer Gegenüberstellung deutlich. Hier stellt das blaue Karo, konzentriert auf die Terrasse und am Wasser sparsam verteilt, eine Verbindung von einem Platz zum anderen her.

Flächen und Pflasterung

Pflasterläufer im Rasen führen zu einem Sitzplatz. Der Zugang zu einem Platz kann ebenso wichtig sein wie der Platz selbst. Hier wird durch die schlichte, aber gefühlvolle Auswahl des Materials und dessen Verlegung die Erwartung auf Besonderes geweckt (▲). Dass eine Terrasse auch in mobiliarlosem Zustand eine Ausstrahlung haben sollte, wird oft vergessen. Ebenso ist der Blick von oben, aus höher liegenden Fenstern oder Balkonen zu bedenken. Ein klassisches Muster wie hier unter Verwendung von zwei Gesteinsarten (◀) wirkt zeitlos und lässt dennoch ausreichend Spielraum für die Fantasie sowohl in der Verteilung der Muster als auch in der Kombination mit Gegenständen.

Großzügig angelegte Terrassen verlangen einfache, starke Motive. Das antike Friesmuster scheint im Reihenpflaster gewebt zu sein (▶). Damit die Linien auch nach einigen Jahren Gebrauch sichtbar bleiben, sind zarte Farbnuancen zu vermeiden, da Naturstein mit der Zeit nachdunkelt. Bei Reihenpflaster ist die Verlegungsart unbedingt bei der Materialbestellung anzugeben, um ausreichend Steine für einen sauberen Verband zu garantieren. Kreuzfugen, wie hier ausgeführt, sind nur für Flächen mit geringer Belastung geeignet.

„Bewegte“ Plätze

Auf der Suche nach passenden Formen für den Garten stößt man oft auf organische Gestalten. Der kreisrunde Platz im Garten mag ein Klischee sein, aber neben den gewöhnlichen, in konzentrischen Ringen gepflasterten Versionen, gibt es andere interessante Möglichkeiten. Das Material, die Größe und die Verlegungsart spielen dabei eine große Rolle. Ist das Material zu groß und der Radius klein, dominieren die keilförmigen Fugen.

Der Platz entsteht hier aus der Mitte: Spiralen von Porphyr, unterbrochen durch leuchtende Carrara-Marmor-Bänder, drehen sich über die Fläche (▲).

Eine Kreisel-Mosaikpflasterung, wie Zahnräder, die einander berühren, ruft das Gefühl von Bewegung hervor (◀).

Im lockeren Ambiente des Gartens sind strenge formale Plätze manchmal unpassend. Die schmalen länglichen Pflastersteine der Einfassung zeichnen den Kreis und stehen im Kontrast zur plumpen Pflasterfüllung. Hier wurde das Großsteinpflaster aus der Konvention des Kreises befreit und in Blöcken gepflastert, die den Anschein ergeben, den Platz zu drehen (▶). Dass das Mobiliar nicht mittig platziert wurde, unterstützt den Gesamteffekt.

Auflockern und strecken

Zur Belebung und Aufwertung eines gewöhnlichen Plattenbelags oder gar zum Strecken von Plattenmaterial kann kleinteiliges Füllmaterial eingesetzt werden. Die Kombinationsmöglichkeiten sind kaum auszuschöpfen, entweder verwendet man gleiches Material und Farbe mit nur einem Formatwechsel oder absichtlich kontrastierendes Pflaster in Größe, Material wie auch Farbe.
Schon mit wenig lässt sich eine edle, aber keinesfalls steife Lösung erzielen, auch unter Beibehaltung des grauen Tons: hier Rohrschacher Sandsteinplatten unterteilt mit Steckkieseln (◄).
Durch das eindeutige Absetzen der Ausbuchtungen ist eine platzartige Zone mit einem völlig anderen Charakter angedeutet (▲).
Betonplatten sind ein preisgünstiges Basispflaster, insbesondere lassen sich die einfachen Platten hervorragend mit anderen Belägen kombinieren. Nicht nur mit Schachbrettmuster, das oft zu stark und dominant für die meisten Gärten ist, sondern mit bedachten, ruhigen feinen Lösungen, die mit dem Garten und Haus harmonieren: Hier unterstreichen Sandstein-Pflasterfelder zwischen rötlichen Platten das angedeutete Mittelmeerambiente des Platzes (►).

Kleine Plätze: Entrée und Übergänge – Stimmungsträger im Garten

Es sind die Details, die eine gelungene Pflasterung auszeichnen, die Anschlüsse und Übergänge an Vegetationsflächen und Wegen, die Art der Einfassung und ob das gewählte Pflaster überhaupt zum Standort passt. Pflaster muss „sitzen“: der einzelne Stein ebenso wie die gesamte Fläche. Der Bodenbelag gibt die Stimmung vor, die im Garten fortgesetzt wird. In diesem Sinne gehören kleine Plätze genauso sorgfältig geplant wie größere.

Naturstein, hier als Füllfläche in Kombination mit einem Holzbelag (▲), hat eine zeitgenössische Note.

Der mit Großstein gepflasterte Halbkreis lockt in den Garten (◀). Ein viel versprechendes Entrée, ganz im Einklang zum romantischen Stil des Gartens.

Auch einfache Belagsarten, gefühlvoll eingesetzt, zeigen beeindruckende Wirkung (▶). Was mit wenig Bestandteilen möglich ist: Kieselsteine, schmale Natursteinplatten und Mörtel, beweist dieses Beispiel. Für mich eine moderne Interpretation des klassischen chinesischen Pflastermotivs „Berstendes Eis“, in dem Kieselpflasterfelder eingerahmt von riemchenartigen Platten unregelmäßig aneinanderstoßen. Die unregelmäßige Regelmäßigkeit der Pflasterungen bestimmt die Stimmung dieses modernen Gartens.

Wie ein erlesener Teppich bedeckt die Pflasterung den Sitzplatz.

Bunte Punkte

Mit verschiedenen Formaten, Materialien und Farben zu arbeiten, ist wie Jonglieren, alles muss im Auge behalten werden, zu viel Schwung und der Rhythmus ist gestört. Jedes Element muss für sich sprechen, einen logischen Platz einnehmen und dennoch als Gesamtbild wirken. Bei aufwändig gestalteten Plätzen sind das Zusammenspiel und die Abstimmung mit anderen Elementen, die Bestuhlung, die Pflanzung und die Umgebung von besonderer Bedeutung. Die Fläche und ihr Standort bestimmen den Grad und die Art von Ornament. Die ruhigen silbrigen Gneisplatten zeichnen die Stellfläche vor, dazu passt eine filigrane Bestuhlung (▲).
Die Umrahmung erfolgte mit einem breiten Gürtel Granit-Kleinsteinpflaster (◄, ►), verlegt in Reihen, unterbrochen durch bunte Keramik-Hohlstein-Würfel, eine Einsprenkelung von matten Farben: Königsblau, Orientblau und Türkisgrün in einer gelbbraunen Fläche. Die wie zufällig sparsame Streuung von Farbtupfern verleiht der Fläche eine wohltuende Heiterkeit und Leichtigkeit. Eigens von der Firma Avantgardeners für die Kombination mit Natursteinflächen entwickelt, werden die Steine – erhältlich in drei Größen und vielen Farben – nachträglich nach dem Abrütteln der Fläche eingebaut.

Andalusien lässt grüßen

Bisweilen bleibt die Verwirklichung des maurischen Stils im eigenen Garten wegen der hiesigen Klimabedingungen nur ein Traum. Die quadratischen Fliesen und Ziegel, die diesen Stil prägen, konnten den harten Bodenfrösten nicht standhalten. Neuerdings wurden, inspiriert durch andalusische Bodenbeläge, würfelartige Steinzeug-Mosaiksteine mit glasierter Oberfläche entwickelt (▲). Gebrannt bei 1280°C wurden die Steine verschiedenen Tests unterzogen, mit dem Ergebnis, dass ihre Frostbeständigkeit und ihre Abriebfestigkeit für Sitzplätze und Gehwege, das heißt eine Verwendung im Garten mit geringer Verkehrsbelastung, bestätigt wurden. Lieferbar in Blau wie abgebildet (◀) und auch Beige, Gelb, Schwarz und Grün, gehören kleine Abweichungen in Abmessung und Farbe zum Charakter des in Handarbeit gefertigten Produkts. Ihr Format (58 x 58 x 54 mm) beträgt ein Achtel der Oberfläche zuzüglich Fugen eines Pflasterklinkers mit der Größe 240 x 118 mm.

Für Klinker- und Ziegelflächen bedeutet dies ein Ausbrechen aus dem rot-braun-gelben Farbspektrum und bietet unendliche Gestaltungsmöglichkeiten. Hier rechteckiger „Buchenlaub“-Klinker, überlagert mit einem regelmäßigen Raster-Buntstein (▶).

Mischpflaster und Fundstücke

Wer gezielt den Blick zu Boden richtet, staunt über all das, was als Porzellankäppchen der Telefonüberlandleitung als Wegeeinfassung eng verlegt als Bodenbedeckung an einer Jagdhütte, reicht die Liste teilweise skurrilem Pflastermaterial. Theoretisch kann jedes wetter-Formen, Keramikteile, ja sogar Glas zum Pflastern genommen werden.

Obwohl das Klima, die Belastung und der Grad der Nutzung einige potenzielle Beläge ausschließen, bleiben genügend übrig, um einfallsreiche Gestaltungen zu ermöglichen. Fast jeder Gärtner hat eine Sammelecke, bestückt mit Baumaterial-Reststücken, die nach dem Prinzip des „irgendwann brauchbar“ auf Vorrat gehalten werden – eine wahre Fundgrube an Pflastermaterial. Neben dem Prinzip der Wiederverwendung spielt auch die Sammlerleidenschaft eine Rolle. Auch wenn immer wieder dazu aufgerufen wird, keine Naturbestände zu entfernen, ist die Versuchung oft größer als die Vernunft. Auf diese Weise wandert manch ein Kieselstein oder gar Steinbrocken in den Garten. Altes Pflaster mit deutlichen Spuren der Vergangenheit, Sonderformate, aber auch andere Fundstücke, können ebenso Inspiration für eine Pflasterung sein. Aus scheinbar nichts eine Fläche zu pflastern, die nicht nur funktionell ist, son-

Bodenbelag Verwendung findet. Von bis hin zu Schafsknöchelchen eng an mit fantasievollem, auch kuriosem, feste Material, Naturstein in allen

Überraschung am Boden: ein Fundstück zwischen gelbem Granit-Mosaiksteinpflaster. Eigens für außen gefertigt, ist jede Würfel-Fliese ein Unikat.

dern auch eine besonders schöne Ausstrahlung besitzt, ist eine Hochleistung. Mit unterschiedlichen Materialien und Stärken zu arbeiten, ist nicht einfach und bedarf der Vorbereitung: von der Sortierung der Ware bis hin zu Überlegungen, wie sie verlegt wird. Einfach loszupflastern und auf gut Glück zu setzen, ist in der Regel zum Scheitern verurteilt; das, was auf den ersten Blick einfach erscheint, entpuppt sich als das Gegenteil. Viele Mischpflaster verstoßen zu Gunsten der Schönheit gegen die erprobten Regeln des Pflasters, sie bilden keinen haltbaren Verband, verwenden kleine Teile und sind nur bedingt belastbar. Womöglich das beste Vorbild für solche Pflasterungen ist das Wildpflaster, eine der ältesten Pflasterarten, in dem unterschiedliche Materialien wie Findlinge, Bruchsteine, Kieselsteine in einem scheinbar willkürlichen, aber trotzdem haltbaren Verband verlegt werden.

Ein fantasievoller Bodenbelag aus altem Baumaterial: der Inbegriff von Recycling.

Pflasterallerlei

Je länger man diese Pflasterung anschaut, desto mehr sieht man (▲). Zeichnungen am Boden nehmen erkennbare Formen an: die hoch wachsende Pflanze mit zarten Blütenknospen, Trauben und Schmetterlinge, filigrane Bilder, eingerahmt mit Ziegelsteinen.
Erst gebündelt und eingefasst werden die für sich allein unbedeutsamen Reststücke zu einem Ganzen: Bausteine, Lochziegelsteine, Klein- und Mosaik-, Granit- und Basaltpflastersteine, Betonplatten und Betonpflaster, Ziegelpflaster und Klinker, auch ein Betonring, Brauchbares zusammen mit Bauschutt in einer grau-rot-schattierten Komposition (◀).
Die Prinzipien des Einrahmens und der Füllung bringen eine logische Ordnung in die Fläche (▶). Riemchenartige, hochkant verlegte Dachziegel zeichnen die Konturen innerhalb des Rahmens vor, die Füllung ist wie Puzzlestücke dazwischengesetzt. Auch die Pflanzung unterstützt den Charakter der Gestaltung, vom niedrigwüchsigen Bambus bis zum Bonsai, ausgestellt auf einem Präsentiertisch. Vieles deutet auf einen vielleicht unbewussten chinesischen Einfluss, auf Verständnis, Fähigkeit und Fantasie für Pflaster im Garten hin.

Fundstücke und Ornament

Im zweiten Leben erhält manch ein Alltagsobjekt eine neue Wertschätzung, als Sammlerstück oder gar als Kunst. Industriegut, Werkzeuge und Maschinenteile tauchen vermehrt in den ungewöhnlichsten Umgebungen auf: in Galerien, in Museen und sogar auf dem Boden. Manche Objekte geben Hinweise auf die Umgebung, ihre Vergangenheit und Nutzung, andere sind einfach wegen ihren dekorativen Wirkung dort. Gut eingebettet und in die Fläche integriert, ist dieses Sägeblatt der Mittelpunkt einer sternförmigen Pflasterung aus einreihigen Basalt-Strahlen, die mit einem weißen Punkt aus Carrara-Marmor abschließen (▲).

Wenn schon Schachtabdeckungen in einen Belag mit eingebunden werden, warum nicht auch ein flacher Gegenstand wie dieser (◀). Er ist allein durch die Rahmung mit zwei Reihen Pflaster (bei einem kleinen Objekt würde eine Reihe genügen) zu etwas Besonderem erhoben.

Zahnräder am Boden sind möglicherweise Zeugen für die frühere Nutzung des Standortes oder Hinweise auf die jetzige (▶). Wegen ihrer leicht unebenen und scharfkantigen Ränder sind solche Gegenstände trotz ihres Reizes mit Bedacht zu verwenden.

Schauflächen

Bereits vor Jahrtausenden wurden aufgelesene Steine oder gesammelte Hölzer einfach ins Erdreich gesetzt – eine Notlösung, die zur eigenständigen Pflasterart wurde. Wildpflaster lebt vom Zufall, ein Vorteil, der gerade im Garten vorbildlich sein kann. Wer Steine liebt, kann kaum widerstehen, besonders schöne Steine zu sammeln und aufzubewahren, ohne dabei eine spezifische Nutzung dafür zu haben. Musterstücke, Aufgelesenes, Reststeine und Mitbringsel ergeben alleine keine zweckmäßige Fläche, vereint als Wildpflasterung jedoch erhalten sie als Sonder- und Schauflächen eine neue Wertstellung. Trotz aller Verstöße gegen die Regeln des Pflasters – unterschiedliche Materialstärke, kein erkennbarer Verband, Kreuzfugen, geringe Belastbarkeit und fragliche Beständigkeit – sind solche kleinteiligen, individuellen Lösungen im eigenen Garten erlaubt (▲).

Ein schöner Stein kann Auslöser einer Komposition sein (◀). Hier ein rot-schwarz-geflecktes schwedisches Granit-Plättchen, das durch Dreiecke vom restlichen Steinmaterial abgesetzt ist.

Eine zarte rosa-lila „Quarzblüte“ am Boden, sonderbar unpraktisch, dennoch von bezaubernder Schönheit (▶).

Mosaikarbeit im Garten

Fantasievolles Pflaster vorzustellen, ohne Mosaikarbeit zu erwähnen, wandt, sind Mosaikkunst und Pflasterarbeit zwei verschiedene Dekor-Suchen, Sortieren und Puzzeln, um aus vielen, manchmal tausenden rend Pflaster vor allem zweckmäßig und bodengebunden ist, ist Mosaik-chen, sei es an Wänden, Decken, Böden oder Objekten.

Pflaster wurde primär für außen entwickelt, Mosaik dagegen für die geschützten und beständigen Bedingungen im Gebäude mit gelegentlichen Ausflügen ins Freie. Der Vorgänger von Mosaikarbeit war das Kieselmosaik der Antike: Muster und Darstellungen, gekennzeichnet durch leicht holprige Oberfläche und beschränkten Einsatz von Farbe: die ersten Versuche von Malen mit Steinen. Mit der wachsenden Beliebtheit von Mosaiken entstand ein eigenständiger Handwerkszweig, unterteilt in die Ausführung von Boden- und die höher bezahlten Wand-, Gewölbe- und Deckenmosaiken. Aus den Musterbüchern des Mosaikmeisters der Antike konnte der Kunde die gewünschte Verzierung wie auch das Materialformat aussuchen. Zur Wahl standen regelmäßige, würfelartige Mosaikstücke, *„tesserae"*, oder größere, teils unregelmäßige, gespaltene Teile, *„sectile"*. Diese

wäre undenkbar. Obwohl eng ver-
Richtungen. Gemeinsam haben sie das
Teilen ein Ganzes zu schaffen. Wäh-
arbeit eine reine Verzierung von Flä-

Trennung ist, auch wenn nicht immer so genannt, heute noch gültig. Das Material war eine Kombination aus Ziegel- (rot), Kalkstein-, Marmor- (u.a. weiß, creme, grau) und Schieferwürfeln (schwarz), ergänzt mit Keramik- und Fliesenscherben. Buntes teures Glas wurde sparsam eingesetzt und am Boden, nicht nur wegen der Kosten, sondern auch wegen der Empfindlichkeit selten verwendet. Die Antike liefert uns die herrlichsten Mosaiken. Leuchtende Farben und vielfältige Muster waren seit eh und je inspirierend, für die Byzantiner ebenso wie für den Jugendstil und den Mosaiktrend der 50er-Jahre. Heute ist nach Jahren der Ablehnung Mosaikarbeit wieder gefragt, weniger die minutiösen formalen Ausführungen, sondern die freien wie zufällig „hingeworfenen" Bilder, bei denen künstlerische Fähigkeiten gefordert sind, eine, wie die Beispiele zeigen, edle und individuelle Version.

Der Ursprung von Mosaikkunst liegt in der Antike. Als Zeichen der Verehrung der Nymphen wurden deren Grotten mit Kieselsteinen verziert, eine Kunstform, die sich später in den Gärten der Renaissance und im Barock in Wandnischen und Grotten wiederholte.

Spuren, Wege, Begegnungen, Detail einer Mosaikarbeit, inspiriert von Bildern der Aborigines, ausgeführt in Splittermosaik und Einlegestücke gefertigt in „Terre Vernisée"-Technik.

Exotisch zeitgenössisch

Was in den Mittelmeerländern und sogar in England möglich ist, ist nicht bedenkenlos auf das hiesige kontinentale Klima übertragbar. Wo ist dann unter Berücksichtigung dieser Einschränkungen der Platz für Mosaikarbeit im Garten? Wenn nicht großflächig am Boden und an den Wänden, dann in den Accessoires: Vasen, Urnen, Sitzbänke und Tische. Der Garten wird zunehmend als erweiterter Wohnraum angesehen, sodass neben den bekannten Gartenmöbelformen eine neue Generation von individuellen Stücken entsteht, die das lockere Ambiente vom Leben im Freien widerspiegeln. In diesem Sinn erhält Mosaikkunst eine neue Wertschätzung.
Nostalgisch modern nimmt diese Gartentischplatte den Zeitgeist der 50er-Jahre auf (▲). Das Quadrat des Tisches wurde übernommen und durch die Diagonale betont (►). Die 20 x 20 cm großen Betonplatten stehen im Widerspruch zu den eingelegten Teilchen (◄), ein wildes Muster von Pastelltönen der aus Marokko mitgebrachten Fundstücke: Altrosa bis Gelb über Lila und Bräunlich, dazu die passenden mit Acrylfarbe gefärbten Fugen. Nicht jede Bestuhlung würde zum lebhaften Tisch passen, ein einfacher Metallgestellstuhl mit unifarbenem Sitzpolster, der die Form der Streben aufnimmt, wäre ideal.

Mit Mosaik malen

Die Mosaikarbeiten von Diplom-Designerin Irmgard Wiesbrock zeichnen sich durch Klarheit und Freude an leuchtenden Farben aus: Orange, Rot, Braun, Gelb, gewagte Hintergrundschattierungen wie Nachtgrün zu Lindgrün, Blassblau zu Türkis. Aber Farben allein bilden keine individuelle Mosaiksprache, es ist die Gegenüberstellung von zufälligen, ungleichmäßigen Stücken und bedachten, aber einfachen Abbildungen und die Thematik, die die Arbeit in den Vordergrund rückt.

Wie ein Maler sich von einer reichen Palette an Farben bedient, so muss der Mosaikkünstler aus einem enormen Fundus schöpfen – sein Arbeitsmaterial, das die Qualität des fertigen Werks bestimmt. Fliesen aus Mittelmeerländern wie Italien, Frankreich und Portugal, Keramikstücke, Ausschussware, Alt-Fliesen aus dem Abbruch werden alle so lange gelagert, bis das richtige Stück Verwendung findet, und dann weiter bearbeitet. Die Fische sind als einzelne Teile eingesetzt, hergestellt nach der französischen „Terre Vernisée"-Technik, eine aufwändige Herstellungsmethode für Kacheln (▲, ◀, ▶). Die zerschmetterten und mit der Zange zurechtgekniffenen Fliesenstücke um die Meereswesen sollen schimmernde, tiefgründige Wasserflächen vortäuschen.

Verkleidung und Verzierung

Es war der spanische Architekt Antoni Gaudí, der durch den Einsatz der traditionellen Fliese an plastischen Körpern zu einer neuen Formsprache beitrug. Inspiriert durch Gaudís Park Güell in Barcelona (Anfang des 20. Jahrhunderts) wurden seither allerlei freie Formen mit so genanntem Splittermosaik verziert. Was im Mittelmeerklima ungeschützt den Winter übersteht, muss in hiesigen Gegenden mit Winterschutz versehen werden. Bewegliche Teile lassen sich leicht im Innenraum lagern, fest installierte Stücke, wie dieser Brunnen (▲), benötigen dagegen die Umbauung mit einem Holzverschlag.

Auch bescheidene Arbeiten haben ihren Reiz: Mosaikstücke zeichnen das Astwerk nach, feine Striche, die die Mauer verschönern (◀).

Wie Stoff, schmiegsam und weich, drapieren sich die Mosaikstücke um den Torso. Sie werden zu einer Einheit, ein Patchwork, gebunden durch das violette Fugenmaterial. Ganz zu recht „Hart und Weich" genannt, steht die 1,30 cm hohe Skulptur von Irmgard Wiesbrock für die Qualität von Mosaikarbeit im Freien.

Bilder aus „Nichts“

Von Keramikteilen zum Naturgut, Fundstücke, aufgelesen von Feldern, entdeckt an Stränden, am Ufer und in Bauhöfen: Dies alles sind Gegenstände, die einzeln betrachtet kaum Wert haben, aber zusammengesetzt kostbar werden. Das Stückeln und Zusammenfügen, das Sehen von Gestalten und Formen steht im Mittelpunkt von Mosaikkunst. Wer, wie die Kieselkünstlerin Ursula Siegers, das Gesammelte in Eimern nach Form oder Herkunft aufhebt, kann daraus Kunstwerke kreieren.

Die mannshohe Säule aus Leichtbetonstein ist an allen Seiten verziert (▲) – ein pflegeleichtes „Aquarium“ im Freien, wo Meereswesen um die Säule schwimmen, und ein Krebs über den sandbeschichteten Klebemörtel krabbelt (◀).

Es sind die Details, die überzeugen, jeder Stein hat seinen Platz, das Auge des Seepferds, seine lange Schnauze, die Schraffierung des eleganten gestreckten Halses bis hin zum filigranen, fast wedelnden Meergras (▶).

Mosaik ist mehr als seine Definition – ein Bilderwerk aus bunten Steinen –, in der Hand eines Meisters kann es ganz neue Dimensionen und Ausdrucksformen annehmen und dem Garten eine individuelle Note verleihen.

Glänzend (links) und matt (rechts): Die Qualitäten von Mosaik sprechen für sich, sie sind Naturbilder ganz verschiedener Art. Wie eine Blüte entfaltet sich die Fläche aus der feurig tanzenden Mitte. Im Kontrast dazu „Strandfunde" – eine Hommage an einen Kiesstrand.

Dank
Auch ein Bildband dieser Art mit kurzen Texten wäre ohne die Unterstützung und Hilfe versierter Fachleute nur halb so informativ. Zu danken ist der Firma Gandl, Gottfried Klinkerwerke GmbH, weiterhin Klaus Dormann, Sigrid Theiss, Ursula Siegers, Koelterhoff Garten- und Landschaftsbau GmbH, Irmgard Wiesbrock wie auch Johanna Jahns von Avantgardeners, die alle ihre Liebe für Pflaster und Mosaik tatkräftig umgesetzt haben und ihren Enthusiasmus mit mir teilten.

Adressen

Gandl Natursteine GmbH
D-82178 Puchheim
Titel, S. 13, 18 u, 25, 71, 78 u, 79

Green Company
Garten- und Landschaftsbau
D-85354 Freising-Hohenbachern
S. 2/3, 34 u, 35, 76 alle, 77, 95

Thomas Fiedler
Garten- und Hofgestaltung
D-82272 Moorenweis
S. 48 alle, 49

Günther Fiß
Gartenservice
D-34289 Zierenberg
S. 58 u

gARTen Stey + Theiss
Gartengestaltung und Ausführung
D-34134 Kassel
S. 27, 53, 64/65, 66 alle, 67
Keramiksteine – Entwicklung
und Vertrieb:
Avantgardeners
D-28197 Bremen
S. 64–66
www.avantgardeners.de

Christoph Göttke-Krogmann
Garten- und Landschaftsbau
D-49393 Lohne-Kroge
S. 24 u, 41

Ursel Gut
Garten Design
D-28357 Bremen
S. 56 o

Dorothea Haag
Garten- und
Landschaftsarchitektin
D-30855 Langenhagen
S. 62 o

Helmut Helmes
Künstler
D-49377 Vechta
S. 72/73, 74 alle, 75

Uwe Höcker
Dipl.-Ing Gartenbau
D-32051 Herford
S. 59, 62 u

IPL Isterling und Partner
Landschaftsarchitekten BDLA
D-20149 Hamburg
S. 19

Koch + Koch
Garten- und Landschafts-
architekten
D-82319 Starnberg
S. 54/55, 60 u, 68, 69
Steinzeug – Mosaiksteine: ent-
wickelt von Keramikwerkstatt
Klaus Dormann/Cornelia Klein
Vertrieb:
Gottfried Klinkerwerke GmbH
D-96269 Großheirath
S. 54/55, 68, 69

Koelterhoff
Garten- und Landschaftsbau
D-85614 Kirchseeon
www.koelterhoff.de
S. 50 alle, 51, 58 o

Maria Klaus
Gartengestaltung
D-82296 Schöngeising
S. 61

Birgit Martin, Dipl. Ing.
Garten- und Landschaftsplanerin
D-81929 München
S. 32 alle, 33

naturwuchs GmbH
D-82205 Gilching/Argelsried
S. 40 o

Ökobau Jörg Tiemann
D-34314 Espenau-Mönchehof
S. 38/39, 42 u, 46/47

Regula Ohlmeier
Landschaftsarchitektin
D-34131 Kassel
S. 26 u, 79, 88 u

Rheims + Partner
Garten- und Landschafts-
architekten
D-47800 Krefeld
S. 63

Hans Seitz
Garten- und Landschaftsbau
D-81475 München
S. 37, 40 u

Ulla Siegers
D-41372 Niederkrüchten
S. 1, 43, 44 alle, 45, 90 alle, 91

Herwig Thol
Landschaftsarchitekt
D-34119 Kassel
S. 56 u, 57

Irmgard Wiesbrock
Dipl. Designerin
D-33824 Werther-Häger
S. 4, 82/83, 84 alle, 85, 86 alle,
87, 88 o, 89, 92, 93
www.art-and-work-online.de

Rüdiger Wolff
Atelier Stuck-Stein-Metall
D-85748 Garching
S. 78 o

Bildnachweis

Christa Brand
Titel, S. 2/3, 10/11, 13, 14/15, 17, 18 alle, 24o, 25, 32 alle, 33, 34 alle, 35, 37, 40 alle, 42o, 48 alle, 49, 50 alle, 51, 54/55, 58 alle, 60 alle, 61, 68 alle, 69, 71, 76 alle, 77, 78 alle, 79, 81, 94, 95

Heidi Howcroft
S. 7, 9, 16u, 23, 26o

Nik Barlo jr.
S. 1, 4, 16o, 19, 24u, 26u, 27, 29, 30/31, 38/39, 41, 42u, 43, 44 alle, 45, 47/48, 53, 56 alle, 57, 59, 62 alle, 63, 64/65, 66 alle, 67, 72/73, 74 alle, 75, 82/83, 84 alle, 85, 86 alle, 87, 88 alle, 89, 90 alle, 91, 92, 93, Titel hinten

Literaturnachweis

Arbeitsgemeinschaft Pflasterklinker Bonn, *Die Gestaltung gepflasterter Klinkerflächen*, Bonn, o.J.
Alfred Baetzner, *Natursteinarbeiten,* Stuttgart 1983
Maggy Howarth, *The Art of Pebble Mosaics,* Tunbridge Wells 1984
Heidi Howcroft, *Pflaster für Garten, Hof und Plätze,* München[4] 1996
Heidi Howcroft, *Das Pflaster im Garten,* München[2] 1998
Heidi Howcroft, *Richtig Pflastern,* München 1997
Peter Nickl/Heidi Howcroft (Red.), *Die Kunst des Pflasterns – Ausstellungskatalog,* München 1985
Ulla Siegers, *Kleinsteinmosaik für Kunsthandwerker,* Eigenverlag
Heinz Wolff, *Das Pflaster in Geschichte und Gegenwart,* München 1987

Mosaikkunst
Emma Biggs/Tessa Hunkin, *Mosaik,* München 2000
Roger Ling, *Ancient Mosaic,* London 1998
Peggy Vance/Celia Goodrick-Clarke, *Mosaik,* München 1995

Impressum

Streitfeldstraße 35, D-81673 München
www.callwey.de
E-mail: buch@callwey.de

Die Deutsche Bibliothek – CIP-Einheitsaufnahme
Ein Titeldatensatz für diese Publikation ist bei
Der Deutschen Bibliothek erhältlich.

ISBN 3-7667-1489-9

Litho, Druck und Bindung: Fotolito Longo, Bozen
Printed in Italy 2001

Akzente setzen im Garten

Mit Naturstein den Garten noch schöner gestalten! Heidi Howcroft vermittelt alles Wissenswerte über dieses beständige Material. In vielen Beispielen und wunderschönen Fotos zeigt sie, wie es sich gekonnt in jeden Garten einfügen lässt und erläutert, welche Pflanzen am besten mit ihm harmonieren.

Heidi Howcroft/Christa Brand/Nik Barlo jr.
Naturstein im Garten
96 Seiten, 88 Abbildungen.
ISBN 3-7667-1390-6

Ob Wand- oder Schöpfbrunnen, Wasserspiele oder Fontänen, Wasserfälle oder Sprudelsteine – dieses Buch stellt die vielfältigen Möglichkeiten der Gartengestaltung mit Wasser vor. Detailliert wird alles über die richtige Planung und Umsetzung sowie die passende Bepflanzung verraten.

Heidi Howcroft/Christa Brand/Nik Barlo jr.
Brunnen
96 Seiten, 90 Abbildungen.
ISBN 3-7667-1458-9